张春◎著

岁月,足迹

中国言实出版社

图书在版编目(CIP)数据

岁月，足迹 / 张春著 . — 北京 : 中国言实出版社，
2025. 7. — ISBN 978-7-5171-5124-1

Ⅰ . I227

中国国家版本馆 CIP 数据核字第 2025NL3713 号

岁月，足迹

责任编辑：王蕙子
责任校对：代青霞

出版发行：中国言实出版社
　　　　　地　　址：北京市朝阳区北苑路180号加利大厦5号楼105室
　　　　　邮　　编：100101
　　　　　编辑部：北京市海淀区花园北路35号院9号楼302室
　　　　　邮　　编：100083
　　　　　电　　话：010-64924853（总编室）　　010-64924716（发行部）
　　　　　网　　址：www.zgyscbs.cn　电子邮箱：zgyscbs@26net

经　　销：新华书店
印　　刷：廊坊市印艺阁数字科技有限公司
版　　次：2025年8月第1版　　2025年8月第1次印刷
规　　格：880毫米×1230毫米　　1/32　　7.5印张
字　　数：76.8千字

定　　价：58.00元
书　　号：ISBN 978-7-5171-5124-1

张开青春的翅膀

——张春诗集《岁月，足迹》序

　　说起张春，不能只说张春，就得从山西大同谈起。我与张春是大同老乡，因我们都是金融系统的，且是文学爱好的追随者，所以我们相逢在北岳恒山脚下，畅游在云冈石窟的古风中，用文友的话说，尽管张春的诗仿佛是飘荡在悬空寺上空灵的云，却有着雁北大地古长城的脚踏实地，她的诗如张开了有力的翅膀，盘旋在塞外上空无畏风雨，凌然翱翔……

　　在与张春的交流中，我深深感知到她在文学创作这条路上是何其不易啊！张春写作不属于天才型，玩笑话说像个苦行僧，她是从1992年学生时代开始诗歌写作，至现在已坚持写作了33年，在这段时间里她整整历经了23年的沉默期，能穿越出这么漫长的至暗岁月，任投稿受挫，实可敬佩。煎熬和挫败没让其退缩，那么是怎样的力量给了她信心和勇气呢？是心底里不灭的希望，还有不服输的韧劲与勇敢的拼劲，是这些力量才可争取到后来的峰回路转，才可撑得动撑得起《岁月，足迹》的厚重和使命吧。

　　那些曾有的狼狈，在岁月的洗礼中长出了毅力、勇气、相信、耐心，这也恰是每个忠诚的文学爱好者必备的一种特质，坚持与沉淀诠释了虽败犹荣是另一种绽放，所获果实便是长出一颗强大的内心。由此，当酷暑风雨严寒来袭时，都可抵挡，把自己浓缩成横为词立为诗的模样。有时一个人也可抵御千军万马，在豪放的诗句中不用分辨，是出自一个柔弱之躯的手笔，如诗歌《长城》《黄鹤楼》《紫藤花儿开》；有时又是江南画卷里走出来的女子，如诗歌《修为》；有时又是那么的幽默婉约，如诗歌《等一场雪》《故乡》；有时又那么的忧郁，如诗歌《见与不见》《游九寨沟与峨眉山》；有时又直叙胸臆，如诗歌《我的爱八百里加急》《方山之行》《触摸北魏之大同》。

总括讲张春诗歌写作有以下特色：

特色一：简洁、真挚、画面感很强，能与阅读者产生出鲜活的共鸣感来。如《岁月，足迹》中诗句：画出四十周，滚动圆环/离离仍是原上草/岁岁依旧一枯荣/关于野火，工商银行之蓬勃生命力/更是烧不尽，春风稍略一吹/那些暗涌，那些生机/便垦出整个春天；再如《前沿岗位，是一颗颗螺丝钉》：银行前沿岗/年复年，日复日/做着同样的重复工作/看似简单，看似平凡/却是颗颗/不可少之的螺丝钉/一个小窝窝固定一粒/不可松动，每个环节都很重要//在每个不起眼的日子里/在奋力，在拼搏/从青春岁月走到霜染鬓颊/依然有很多很多同行，站立在前沿一线/无怨无悔，在职业中做了一生螺丝钉。此诗写的是一份朴质与接地气的踏实；如《回家的路》一诗：对故乡的牵与念/应该是那山那水那人和那条盘在心头上/于梦里梦外，都想走回去的路//一条已磨得发白/弯弯曲曲拐成羊肠结的小道/虽难行却令人上瘾/沿着熟悉的这石 这草 这木/去细数印在记忆与梦境里的样子//蓝蓝的天空白白的云朵/纯净的鸟鸣，合着缓缓的流水声/押着一缕缕，袅袅上升的炊烟/韵着一股股，麻油炝葱花飘来的饭味儿。这些诗语能让你眼里嚼着水花，感受到一种浓浓思乡之绪，久久不能平静。

特色二：心理活动细节描写得生动。如《逐梦行者》诗句

中，在一次次挫败后／重塑 完善 羽化着自我／复原能力永在闯关中升级中／／至暗时刻如影随形／希望说／燃起火烛能带我去辽阔……太多太多的／墙里开花墙外香／也就见怪不会再怪了／因为关注点不在那里／／生命是一程体验是一程修行／生而为人总有使命／向阳而生朝着光的方向追逐……一种积极满满的正能量涌入到你胸膛；如《北方的三月》诗句中：踏进三月，北方的凛风仍在延期／退寒之意，一慢再慢／适合长芽的泥土，还欠点火候／早晚时分依然覆着冬的余温／／山坡坡上钻出些许，早醒的毛朵朵花株／／……半张开，欲说还休的嘴巴／突兀的黄土岭上／勾出几笔桃花红，杏花白来／／……于是对坐在山川河流之间／紧随半冰半水，一草一木的变化／耐心等待，北方的三月犁出整个春天。寥寥几笔就把北方的气候，戳点到位；再如《触摸北魏之大同》诗句中：用双手去触摸北魏留下的纹理／以穿越时空的速度／俯瞰十七个世纪的轮回……高鼻梁和略歪的一颗门牙／无数次对镜自鉴／在轮回里未改的容颜……一个多元化的民族／必肩负起融会 贯通 包容之大任／合和与美 称之为大同。构建出了立体的骨感，在你的脑子里回旋着回旋着。

特色三：思想高度和认知纬度，得到了恰好表达，这是《岁月，足迹》所给予她的使命。本诗集于2015年起开始整理创作，至2025年完整交稿，历经十年。俗话说十年磨一剑，锋刃自从磨砺出，恰如她对质量的要求，一首完整的诗歌最少打磨9次，最多一首诗歌能打磨20次以上，她说诗歌如同产品得精打细磨，铁杵成针。

诗集的总体创作思路为"家国情怀"。爱家就是爱单位，单位是我们谋生立命的本源，然后延展到爱国家爱社会，再回归本我，有情有义去热爱生活、热爱故土和祖国的山山水水。诗集中涌动着家国思想，情是灵魂，怀是双腿双脚带着诗和远方，像蒲公英的种子让风儿传递和捎走，积极的思想向着光、去追逐光，要成为光、再散发光。这是一个诗人创作这本诗集的初心和使命。

读罢诗集，我们会缓缓流淌出一种旺盛的生命力、滴水穿石的耐力，心生敬畏。这就使我想起电影《长安三万里》的台词来，只要诗在，书在，长安就会在；由此可延伸出：只要诗在，远方在，人生就会在。一个有使命感的诗人应该持有这样的态度，只要诗在，梦想在，中华民族的精神和信仰就会在。脚踏实地去践行所向往的事，物来顺应。有一颗积极向上之心，心若不败，堪敌万军。天地之功不可仓促，艰难岁月，慢慢熬过。人生需要积累和沉淀，不怕失败，只要扎根，生命之力便会蓬勃扩张。

诗人张春从1996年入行至今，一直奋斗在金融前沿一线，她以日常工作生活为素材，用酸甜苦辣烹饪出别样的文学烟火气。对知识的多元追求和热忱才是一个作者精进提升所在和所源，这也是我们新时代诗人、作家该有的样子。

杜审言诗曰：寄语洛城风日道，明年春色倍还人。

是为序。

阎雪君

2025 年 5 月 17 日

于北京金融街

（序者为第八届、第九届和第十届中国作家协会全国委员会委员，一级文学创作；曾任第一、二、三届中国金融作家协会主席；兼任团中央青年志愿者协会宣传工作委员会副主任。发表文学作品 500 多万字，多次获全国性大奖。）

岁月・足迹

目 录

CONTENTS

第一辑 家之篇 一路走来

张开青春的翅膀

1

岁月，足迹

第二辑　国之篇　航标指引

第三辑 情之篇 小我情怀

岁月，
足迹

第四辑 怀之篇 岁月足迹

岁月，足迹

目录

岁月,
足迹

第一辑

家之篇 一路走来

岁月，足迹

年复年，日复日
以树的纹理一圈一圈
画出四十周，滚动圆环

离离仍是原上草
岁岁依旧一枯荣
关于野火，工商银行之
蓬勃生命力
更是烧不尽，春风稍略一吹
那些暗涌，那些生机
便垦出整个春天

定睛明穴，紧扣细节
每一个岗位
打理得井井有条
恰似秋季航拍远景
色彩绚丽，硕果结满枝丫
香味浓郁，散向四角八方

历经严冬，依是铁骨铮铮模样
以梅花之品格
在雪花纷飞中，笑意盈盈
含苞待放，在大地的留白处
踏出我们行过的，一串串足迹

我们的信念及目标

在时代的浪潮中，我们肩负使命
为客户，捧出卓越服务的热忱
如暖阳，温暖每一次托付
回报股东的信赖，成就员工的追寻
再将深情，奉献给社会的每一寸

我们心怀憧憬，目光如炬
向着愿景的方向奋力奔逐
要成为丰盈的强者，优秀的楷模
受尊重的存在，屹立于金融之潮
现代化金融企业的旗帜
猎猎作响永不落幕

"工于至诚，行以致远"
诚信为基掷地有声
以人为本，稳健前行
新技术、新产品，在创新中如春笋冒出

向着卓越步步攀登
筑牢客户的满意度、信任度
是工商银行的信念也是目标

晨会交响曲

听，是清晨在敲门
和着上级行动指引
十分钟晨会，准时开场

站在镜子前，整理着装
抚平工装褶皱，让发丝归位
擦亮黑皮鞋，容光焕发，自信满膛

八点半的钟声刚响
两两成列，我们站定如钢
身姿挺拔，气势昂扬
口号喊出心中梦想
七步礼仪，踏出职场的优雅模样

礼毕，步入工作主场
谈服务，表扬与反思碰撞
回顾昨日，复盘每一段过往
激励似火，批评如光

照亮我们前行的方向

细致部署今日的战场
岗位与线条，清晰明朗
每个人都握紧责任的枪
奔赴各自的繁忙

十分钟，短暂却滚烫
为新一天奏响……

我们的夕会

褪去晨会的繁杂礼数
我们于夕会中坦诚相对
人员与内容精准对标
话语如利刃，直切要害

落实的决心似磐石
结果是心中高悬的目标
汇报工作，不藏不掩
时限的红线，不容轻越

成效，是这场聚会的核心祈愿
每一句讨论，每一次思索
都朝着成功奋力奔跑
在夕会的交流里凝聚力量
让希望，在暮色中熠熠发光

前沿岗位，是一颗颗螺丝钉

银行前沿岗
年复年，日复日
做着同样的重复工作
看似简单，看似平凡
却是颗颗
不可少之的螺丝钉
一个小窝窝固定一粒
不可松动，每个环节都很重要

在每个不起眼的日子里
奋力，拼搏
从青春岁月走到霜染鬓颊
依然有很多很多同行，站立在前沿一线
无怨无悔，在职业中做了一生螺丝钉

正是这样，在平凡中
做着不平凡的事
无悔，坚持，传承

把螺丝钉精神
一站接一站地传递下去
服务于内部
服务于大众，服务于社会
收获，才如此丰硕

筑牢安全防线

在年度规划的指引下，我们启程
签订生产责任书，敲定重点方案
对标任务，精心布局
让"一岗双责"要求，深深扎根

日常履职，是我们坚守的阵地
月度消防检查，专项排查仔细
实战演练同步推进
防范意识，在行动中筑起坚实壁垒
重点隐患，逐一排查见底
突发事故，及时上报传递
争分夺秒，力求第一时间解除危机

对待问题，零容忍是我们的态度
严监管，让执行力度毫不含糊
重实效，深挖细究每个问题之处
现场整改，刻不容缓
限期整改，紧盯不放，直至问题消除

岁月，足迹

数字化浪潮里，我们探索新路
将运营与管控紧密连珠
让视频、音频、案防、消防资源集中一处
科技赋能，打造智慧安全的坚固防护

宣传教育，是预防的有力武器
自救互救技能，人人牢记
打击诈骗犯罪，绝不手软迟疑
做实、做牢、做好
工商银行的安全保卫工作
每日、每月
岁岁年年，年年岁岁

我心中的工行

饮水思源，难忘挖井人
身为工行人，我深知
衣食父母，是我们力量的根本

自踏入工行的那一天
青春与华年，悄然沉淀
在工行的日夜，一字一句间
都藏着我们奉献的诗篇

工行岁月，宛如一首宏伟诗篇
朝阳初升，洒下希望的光线
那缕曙光乘上冲破云层的光束
倾洒大地，暖意在人间遍布
一点点融入工行的每寸版图
交织成一张浩瀚的时空大网
连接起梦想，也连接着期望

将辉煌与悦目悉心珍藏

岁月，足迹

定格成心底深深的印记

记得你来过，我也在这方热土上

我们一同守护，这个温暖家园

ICBC　您身边的银行

可信赖的银行

敬畏合规、不踩红线

48 字工作思路是主线

集团新规划 三年

开好局 起好步

做到铁壁铜墙，才能提供保障

讲原则

遵规守矩

合规为本

稳健且要做到高效

锁目标

倡导依法合规经营

业务发展 稳健并要规范

日常养成好习惯

少风险减损失

职业生涯 保护和牢记

高质量、保安全

原则、目标是上线

采取措施
全员有责 风险可控
构框架 优治理
三道防线 来加强
管住人 守好钱
制度是底线 不越是防线
要铭记心间
这是金融土壤的下线

总结
上线 下线 中轴主线
还有数不清的分支线
注意 有雷
条条不可踩红线
评模范 树典型
敬畏合规 全员有责

四十周年纪念

我想轻轻地对您说
祝您四十岁，生日快乐！
您于 1984 年 1 月 1 日诞生
历经艰难，见证风雨
目睹彩虹，迎来辉煌

从噼里啪啦打着算盘起家
到机具设备的升级更迭
从系统版本的新变迁
到股份制的革新
再到新业务的拓展

我们从零起家
跨进全球五百强
可圈可点
在经济这条大动脉上
涌动着不可缺失的血流

我们一代代工行人
仍在砥砺前行，勇往直前
承载前辈梦想，继往开来
依然在做好　做强的路上

金融扶农征程

在城市与乡村交界处
银行力量如春风漫卷
越过林立高楼踏入阡陌垄田
为扶贫攻坚垦出希望田野

有信贷员
来也匆匆去也匆匆的脚步
有农人
寻遍天涯无觅处，得来全不费功夫
这是党的好政策
银行人携着这份余温
引资金活水

叩响一户户兴农门扉
手把手地落实落地到位
信用评定推开一扇窗
把小额贷款注入了发展能量
助力果园树苗茁壮成长

岁月，足迹

扶持养殖场牛羊膘肥体壮

银行来牵线电商来搭桥
农产品销路一路向好
深山好物进都市
乡村经济插上腾飞翅
欢乐笑脸一张张
是奖给银行最美的勋章
金融活水灌溉了贫困土壤
乡村振兴激情一浪高过一浪

金融 3.15 你讲我答

明白消费八权益

得知情来依法求偿

去自主选择　和接受教育

还有公平交易

再加财产信息两安全

要牢记

提醒电诈八特征

一叫你汇款的，二通知你中奖了

三我是公检法的

四告知家属出事的

五开通网银进行检查的

六让你登录网站的

七指使你点链接的

八打电话要你身份证号银行卡的

注意防范两人群

向老年人宣讲，理性、价值

不乱投资

对青年传基础、阻诱惑

断网络，远离校园贷款、网络贷款

总结

合法消费和维权

老不去非法集资

少不参与违规贷款

应对虚假广告

大家要多学、多想和多问

保护财产信息两安全

我愿是工行的一棵树

我愿自己是工行的一棵树
双脚深深地扎进了，泥土

迎着四季，送行过往
沐浴在工行温暖的光照下
雨泽中，一起成长
一点点随着年轮变老

不求能长成，伟岸大树
在一方热土上
却能抵御每场飓风飞沙
就是职业生涯中的
光亮和希望

24

给希望一线光亮

生活，宛如一团杂乱的麻线
无奈与繁杂交织其中
或轻或浅，似薄雾缭绕
或明或暗，如幽径隐现
常常令人心生无力之感

然而，我们需燃起希望的火种
悉心培育出一颗强大的内心
待挺过那段如荆棘丛生的艰难岁月
便能稳稳支撑起
那被风云肆意残卷过的狼藉

我们要学会习惯与适应
在矛盾的漩涡中，找到解决之道
即便身处潦倒的谷底
也绝不气馁，绝不放弃
于深深的失望里
留一盏温暖的灯
给希望，留出那珍贵的一线光亮

微笑

心中的暗夜有多长
黎明的曙光就隔了多远的迷茫
风霜雪雨，不会因为你的厌惧
便悄然退场，或是不再来访

挺直脊梁，调整好自己的模样
以无畏的姿态，去迎接每道目光
这世间，没有人总被乌云遮挡
也没有谁的人生，一路平坦没有跌宕

成长的路上，有坎坷，有挫伤
但只要信念的烛火，依旧明亮
欣然接纳命运的跌宕起伏
坦然面对生活的惊涛骇浪
终有一天，生活回馈你的
会是灿烂的微笑，在脸庞绽放

岁月，足迹

独挡风雨

独立
是破土拔节的成长
是披荆斩棘的能力

不依赖他人的扶持
不扎堆热闹的幻影
不期待虚妄的救赎
因为心中有光，所以不惧孤独
因为信念如磐，所以不畏风雨
静下心，如医者般精准探寻
问题的症结、痛卡的所在

先肩负起责任，完成必做之事
再追逐梦想，奔赴心之所向
让自立的果敢、自理的从容、自信的光芒
在工作的长河中，奔腾流淌
凭借这份力量，独挡一切风雨

中秋致辞

又是一年中秋节
一程征途感恩感激几个瞬间
定格于脑海，有阴有晴

我们无愧，对事　对物　对人
为前路披荆斩棘的模样
正如十五的月亮
无论他乡还是故乡
无论是李白的酒
还是苏轼的月
都是同贺同念同祝
年年共此时，此时共年年

借风借月送出我的祝福
愿您及家人每日顺遂如愿
我们同系家国情怀
同赴万疆此念

岁月，足迹

这样的你

在灾难的洗礼中
扛过来你就是奇迹
在奇迹的积淀下，得以重生
你就是传奇
没有啥放不下
更没有啥看不开的

如果你已经历过了
大起与大落
还没将那颗，支离破碎的心
脱胎换骨
只能证明自己，虚弱无能

要明白
那些曾有的跌打，受伤
垫付了今后的成长

完善　破茧　羽化

这一生
过程里每个细节，都一样精彩
如同落在岁月的，尘埃
静等着花开

四季更迭

惯于在初芽的鲜嫩中探寻
习于在繁茂的绿意里寻一方悠然
当叶儿泛黄，枯萎飘零
再细细清点生命轮回的诗篇
把每一个时节的节点留恋
默数那一圈圈岁月纹理的沉淀

我最钟情于
凝视每一处水岸线的变迁
瞧，坚冰在暖阳下悄然地融散
消融间春水开始轻泛微澜
眨眼间水流奔腾，暑气弥漫
炽热后凉意又瞬间来替换

触摸凉意渐浓，寒意蔓延
不久水面又被冰层紧掩
看呐，寒冷加剧坚冰更坚
四季的旋律不停地更迭
年年共此时，此时年年在上演

平衡

一场猝不及防的突发事件
便足以，让人性与良知尽显
教养和修为，也无处遁形地呈现

不要轻易去评判
是对是错，是好是坏
每个发力点，都以自我为圆心画圆
那些自圆其说的言辞，格外刺眼

悬于是非的漩涡中间
最佳的抉择，是保持中立不偏
就像行走在高悬的绳索上面
一旦失去平衡，便会坠入万劫不复的深渊

而这一切的发生与演变
都源于我们对内心平衡的执念
人与自然，需寻得和谐的平衡点
人与世界，也在找寻共处的界限

岁月，足迹

千钧重量与一羽之轻
衡量的关键，全在平衡之间

无论是面对客户的诉求
还是同事的协作需求
若能让每颗受伤的心灵得到安抚
多给予阳光和微笑，让温暖肆意流注
如此，照亮的将是我们工作和生活的每一处

遇见

在荒芜的原野上
用我滚烫的泪珠
温热你的传奇
与我的传奇叠加
幻化成我们喜欢的样子

灵魂和思想的碰撞
不一定是火花
是同一频道里的
欣赏和共鸣

感谢遇见
如室内的君子兰
遇到幽谷里的兰花
修行里的你
让我明白
是君子兰
早晚都会迎来花期
需熬得住，守得来

岁月·足迹

山丹丹

任荒凉的风
穿过原野，经过身边
扎根在悬崖绝壁
竖立成行

任瓢泼大雨
从头顶一泻而下
扛过最强的劲风
依然能完好地挺立在
明天的阳光下

不畏惧孤寂
白昼有阳光鸟鸣
夜晚有星星遥遥相望
不在乎，无人问津
让那抹火红艳色，燃尽整个炎夏

在荒原，在绝壁

谱成一首生命的赞歌——

"山丹丹那个花开呀

红个艳艳的红……"

价值

生命的征程
说长也长
说短也短
在有限的时空里

把自己的光与热放大到
无限分贝
用理想和信仰来点燃
希望的火把

沿着至暗时段，找寻
通往黎明的光束
只要坚持，便可见到
旭日与云霞
那些别样的，神采

生命能在幽暗中，重燃与新生

便赋予了，更高维度的意义
既然是重活
那就发挥出，翻以数倍的价值吧

逆行者

江水一瞬间泛滥成灾
势不可挡
速撑一叶叶扁舟逆流而上
不是不懂得权衡
这种风险所要垫付的
代价

只为寻根追源
关闭那道泄洪的闸
路有多长
穿万水跨千山
情有多深
让信仰去丈量

手握一支瘦笔
被失语，被词穷
苍白之外的白
留给逆行者在纯净处留白吧

你的微笑

——致我的新同事

初次逢你
在 2020 年 1 月 9 日的夜，那场会议
你眼眸灵动有神，与我寒暄

那一刻
一个问题在我脑海回旋
如此明眸，想必定然皓齿
口罩之下，神秘增添
我暗自把年龄估算，赌注下在心田

走廊转角，与你的庐山真面目遇见
你摘下口罩，眼神依旧熟悉明显
我试探着轻问："你是小敏吗？"
肯定的回答，如音符般悦耳

终于，我目睹那迷人的笑靥

岁月，足迹

恰似想象中的画面
如半开含羞的牡丹，袅袅行来
美自天然，一切都那么合宜，丝毫不差

你是那束光

你是那束光
暗黑迷茫里点燃的，希望
我双眼激动地泪流成行

你在不远的地方
和我共赴一场
生死患难，不道纸短情长

你是那束光
白衣天使，公安战士
支愿者，我们手拉着手儿
共筑一道，驱赶恶魔的城墙

你是那束光
鼓励着说不要害怕
我要和你，穿过夜越过黑奔向黎明

岁月，足迹

就在不远的前方

天边泛起由弱到强的金光

是我们共同，加油奔赴的方向

时光不老，我们不散

我们是海滩上粒粒发光的小彩石
穿越了人海茫茫，精选到
这个气场相通的器皿里
还有比这更幸福和幸运的事吗？

关于启航，关于梦想
正确的执着便是最好答案
时光不老，我们不散
一起同行同频，共奋进共努力
至少让自己的人生没有白活

感谢你恰到，我恰在，他（她）的恰好
让我们再次，来相逢和聚首
时光不老，我们不散

岁月，足迹

生命是一种修行

生命是一棵树
承载着春夏秋冬
初芽　繁茂　泛黄　枯萎

生命是一条河
或而汹涌奔腾
或而涓涓溪流
淌一个地方改一种
风尚
不能拉它的长度
就去拓它的宽度吧

生命是一种修行
能接受好的
同样也能承载坏的
在独体的生命里
能把内心修炼到披甲戴盔

虽仍在屡战屡败中前行
但，是个虽败犹荣的王者
那时的内心尤为强大
方可，决胜千里之外的来敌

岁月，足迹

总有一天

亦如对月光的思念
或轻或浅，或明或暗

亦如流水般的岁月
记得谁删除了谁？

总有一天会离开
从陌生，奔向另一种陌生

生活是跌宕的
状态却是人为的

总有一天，你不会再是那只
不会鸣叫的鸟儿
在月光下披着，蓝蓝的羽衣

自由地在空灵的天地间

发出鸣声，独有的鸣声
无人能懂
却执着，为此耗尽一生

修为

你款款而至
着唯美国风　厚重的底蕴
不枝不蔓
婉约成六月的莲花

微微一笑　虽无言
便行为词　立为诗
在滴水穿石的经卷中
凝精华　索灵性
琢雕　成一块通透的玉石

在晨昏间披着熠熠霞光
在夜空中将星火举过头顶
以燎原之势
放出智慧　柔雅的光芒

没有那么多的章节与悬念
仅一句台词

爱读书　读好书

便修为成烟雨江南
画卷里走出的女子
秉天地日月之华
面带笑意向你走来

绿色金融五篇

（一）政策领航，绿色开篇

双碳浪潮，奔涌如时代交响
我们应声启航
绿色金融，扬起政策的帆樯
在新经济海域，谋划前行方向

季度目标，似星辰清晰明亮
年度计划，像巨轮蓝图周详
绿色发展，融入经营的脊梁
依科学框架，稳健地乘风破浪

聚焦投融资，是主项
辐射出活力和新的希望
听，激昂乐章奏响开篇嘹亮
我们踏上征途　意气高昂

（二）能源转型，绿色引擎

山西能源，踏上转型之路
传统产业，渴望着破茧化蝶
绿色，成为轰鸣的全新引擎
驱动着未来，驶向光明之列

焦煤集团，率先行路
清洁高效，将行业标杆树
智能化矿山，拔地而起似梦筑
技术革新，永不停歇脚步

我们勇把使命担负
可持续服务，为企业铺就前路
先进与转型，并肩冲锋不却步
新能源推进，点亮山西新幕

（三）低碳行动，绿色动力

分行秉持，绿色理念的火种
推动投融资，实现华丽转动
清洁能源、交通、环保，全力相拥
为绿色发展，注入澎湃的动能

"十四五"规划，指明前行的路径
风电光伏信贷，似战鼓擂动激情

向生态环境，倾注守护的坚定
绿色产业兴，双碳目标引航程

现代服务业，绽放融合的华影
文旅交织，闪耀独特的光明
农业特色路，虽漫长但志坚心定
绿色发展道，任重而梦想不停

（四）协调联动，绿色桥梁

绿色金融，闯荡拓展的战场
把握发展节奏，精准而不慌忙
筛选优质客户项目，似淘金筛浪
为绿色崛起，汇聚坚实的力量

绿色资源调配，如指挥若定的交响
审查审批到位，尽显担当的模样
中台后台协同，前台全力领航
深入研究行业，洞察市场的风向

投融策略指导，像智慧的导航
前中后台联动，无缝衔接如网
资金直达实体，激活经济的脉网
绿色金融潮，引经济活水欢畅

（五）布局优化，绿色守护

分行战略布局，如精心绘制的画轴
绿色金融引领，迈出坚定的节奏
实施意见既定，发展方向不再迷走
绿色信贷发力，助力转型不落后

资源配置优先，政策配套齐发似箭弩
考核体系完善，落地生根绽放花簇
守护碧水蓝天净土，如守护心灵的圣土
双碳目标在前，金融护航风雨无阻
绿色金融诗篇，助力山西分行的征途
蓬勃发展，迈向辉煌的新朝朝暮暮

岁月·足迹

有一种花

在三尺柜台内
以一种优雅的微笑
和掷地有声的问候
承载着工于至诚
行以致远的重负

从系统版本的一次次升级
到股份制革新
再到新业务的拓展
都是通过这一扇扇透明的窗口
贯穿八方

从懵懂的青春走到
被尊称为师傅的中年
依然坚守在前沿阵地的
有好多好多数不尽的同志
像繁星点点，绚烂着夜空

把人生的两种境界①清晰洞穿

第一种

"昨夜西风凋碧树

独上高楼　望尽天涯路"

第二种

"衣带渐宽终不悔

为伊消得人憔悴"

不畏严寒酷暑

以火红的热情

绽放在悬崖峭壁

筑起工行的长城万里

感恩感激这样的一种花

写下工行无数不朽篇章！

注：①王国维在《人间词话》中提出"人生三境界"，
此诗引两种。

我们的大堂经理

迎门而进时
那抹灿烂的微笑
和一声亲切的问候
您好：请问您，有什么业务
需要我协助您办理？
然后伸出一个，优雅的手势
便拉开，每个平凡工作日子的帷幕

远观时，宛若一只
轻盈的蝴蝶
环绕在大厅内，飞来飞去

近瞅时，灵动的手指
时而上下，时而平移
不停歇地，在来回间翻飞
目标是缩短，办理时间
执着高标准，行着严要求

最悦目的是，那副可甜可咸
以不同风格版本之能力
来处理客户不理解，不了解
状况下的应急和突发
从而达到，在不满意时及时补位
以急客户之所急，解客户之所难的
工作箴言

用诚对诚的方式打开心结
让客户在归去时，是满面春风
笑意盈盈
还不停地说到：感谢，感谢！
幸好有你！

岁月，足迹

我们的客户经理

我们的客户经理，是
行走的工小智
他们比工小智，多
业务之外的，渊博学识
可天文，可地理
可古今，可中外
至于谈哪个话题
取决于，来者是哪款类型

我们的客户经理
说话，有温度
办事，有尺度
精耕，有深度

我们的客户经理
是工行无数个
经验丰富的"老中医"
用望 闻 问 切

把脉搏，研心理
熟药理，适计量

他们既是开创者
又是产品代言人
更是工行展出的风向标
恰如蒲公英
无论在什么样的环境中
都可生根发芽
也似向日葵
目不转睛地盯着指标
光向朝着总　省　市　支行
抓落实，重执行

我们的行长

于 1984 年 1 月 1 日启程
他们引领着一批批，一代代追随者
起群山　凿绝壁　穿草原　过沙漠

他们时而是，渭水河畔
放出长线的老者
时而又是，披甲戴盔
速马拓疆的领将

他们有着右玉造林的
火炬手精神，一任接一任去传递实干
未忘初心，有功但不在我
给工行这片热土
韵上了绿水青山的墨笔

他们更有着多维意识
站在上下间，为天地立心
处在左右旁，为生民立命

横在前后中，为往圣继绝学
畅在时间里，为万世去开太平

走过了春秋与冬夏
抗过暗夜，迎来黎明
永无止步，我们共同奔赴
一路征途，有你我他
在职业生涯中
燃着我们的华年，一生无悔
在余温里依然泛出微光
去照亮

岁月，足迹

第二辑

国之篇　航标指引

微光筑梦

——致小人物，大作为

街角的修车摊油污沾满双手
螺丝刀拧紧生活的链条
忙碌身影嵌入城市节奏
为出行的人们修复奔波劳动

早餐车热气腾腾
摊主递出每份温暖
笑容驱散清晨困倦
平凡的烟火就活色生香了

快递小哥风里来雨里去
载着包裹穿梭过街街巷巷
让天涯近咫尺，咫尺抵天涯

小人物，如繁星点点
微光汇聚点亮时代的轨迹
在各自岗位默默发力
大作为，写进生活的诗集

城市里的晨光

——致环卫工人

钻进梦与黎明的缝隙
橘色的身影划破鱼肚白
扫帚轻舞唤醒沉睡的街巷
温柔抚过每寸土地

环卫工
你是城市的启明星
用粗糙的手擦净城市脸庞
将杂乱与污垢悄然掩埋
街巷角落是你的战场
垃圾和灰尘常与你为伍抗争
汗滴落入大地胸膛
绽出城市芬芳

烈日炙烤你脊梁
暴雨打湿了你衣裳
寒风目送你远近的模样

当城市街巷脆响起匆忙步履
有谁留意你岗位守候？
洁净街面是你无言的勋章
生而平凡却不平凡
城市里的晨光
少不了你来
擦亮

城市里的晨光

67

山林的守望

——致护林员

在山风与晨露的交织中
你是那抹最早的身影
脚步叩响山林的寂静
晨光勾勒出坚定的轮廓

护林员
你是山林忠诚的卫士
蜿蜒在山路间
每日征途是茂密的枝叶
每一片叶每一棵树
都是你的珍宝
防火警钟，在你的心间长鸣
盗伐黑手也休想得逞

烈日炙烤过，蚊虫叮咬过
你就是这片绿的，王者
春夏秋冬

你见证山林荣枯
岁月悠长任在脸庞刻下犁痕

当鸟儿欢歌时将辛劳遗忘
茂林葱郁，你用一生的坚守
书写着绿色不朽诗篇
那是守望者
最美的回馈

界碑下的忠诚

——致戍边战士

傲立边疆的山巅
凝望着远方家的方向，亲人们此刻怎样？
身旁，沉默的界碑静静伫立
彼此的灵魂，在无声里交融回响
仿佛在说，你就是我，我亦是你啊！
共守这神圣的国防

于寂静中
他们守望着祖国广袤无垠的大地
那是心中永远的山河故乡
戍边，需要苍松扎根冰原的顽强
无畏寒风的凛冽，不惧长久的孤单凄凉
耳听八方，眼观六路，日夜巡逻奔忙
踏过每一寸属于祖国的苍茫

深深的脚印，嵌入洁白的雪地
勾勒出戍边战士忠诚的模样

曾与日月星辰深情相伴
同狂风暴雪无畏地较量

他们以山的巍峨气势
河的奔腾力量
用滚烫的青春与热血，筑起坚固的城墙
何惧环境的艰险，哪怕危险就在身旁
心中的大爱，驱使他们奔赴远方
奉献所有，无怨无悔，坚定如钢
在界碑之下，续写忠诚的不朽诗章

塞上绿魂

——致张连印

绿化将军张连印
从战场转到荒地荒坡山岗
归来着农装仍志满腔
昔日护家国今朝绿家乡
雁门关外风沙狂
他不怕苦累迎难上

一把锄头埋贫瘠撅希望
一滴滴汗水浸湿干涸土壤
肩挑背扛树苗在他手中茁壮
寒来暑往绿色在荒原上荡漾

面对质疑目光坚定如钢
病痛缠身也未卸任担当
一句誓言在天地里回响
为家乡植树死了就埋在树下

数年光阴荒凉改了样
鸟鸣奏响生态乐章
张连印就是大地的画师
用坚持绘山河葱茏
绿洲是他不朽的勋章
激励后人守护绿色梦想！

勋章下的沉默与坚守

——致张富清

在历史的烽火硝烟中
您冲锋陷阵被定格成光
子弹决定生命距离是那么近
生与死已是置之度外
功勋与荣耀是对您敬仰
但您将战功悄然隐藏
如沉默的星辰隐匿去光芒

转业的您奔赴偏远的地方
来凤的山水间
留下您奋斗的模样
开山修路或肩挑背扛
为百姓谋福不辞艰辛奔忙
说生活的苦要自己品尝
不向组织要求解困除难

古铜色皮箱锁住岁月荣光

家人不知旁人未详
直到退役军人信息采集声响
才揭开您波澜壮阔的过往
面对追问你神色安详
战友的牺牲让你谦逊如芒
您说和他们相比
自己过得幸福安康
哪有资格把功劳宣扬

张富清，您是忠诚的守望者
一生践行信仰与忠诚
淡泊名利化无声的勋章
初心如磐铸就不朽的华章

归乡的星芒

——致黄文秀

北师大的求学里程
没留住你，扎根都市的想法
为家乡建设出力是使命信仰

接过去百坭村脱贫攻坚任务后
一心扑下身子，学方言
搞走访引技术提教育做电商
蜿蜒的山路上
果林旧舍里泥泞田埂中
都有你的足迹身影和笑语声声
你圆了脱贫攻坚梦
贫困发生率从 22.88% 降至 2.71%

2019 年 6 月 16 日，黄文秀
在返百坭村中途遭遇山洪
因公殉职，三十岁就此定格
牺牲前那刻依然为

村民灌溉渠修复问题在奔忙

得知噩耗的村民泣不成声
最后的电话已是绝响
年轻生命在扶贫路上绽放
黄文秀是归乡的星芒
七一勋章铭记你青春责任担当
山河同泣传颂你无私之乐章

致袁隆平

袁隆平是一个怎样的人？
他在时光的田埂徜徉
在寂芜田野上播撒

让每一滴汗水
深情地亲吻过土地
每一次弯腰深躬
都与稻禾在轻语柔谈

他把岁月沧桑淡忘
给种子赋予一种强烈希望
让荒芜的土地，涌起绿浪

从春到秋有多远
见证年复年，生命轮回与成长
在烈日下，在风雨中
有一种信念长作松的模样

岁月，足迹

他是大地的守望者
用一生的执着
在绿色海洋里守护祖国粮仓
夕阳下映出慈祥脸庞

在岁月的长河中
他的名字刻进我们心里

海天的守望

——致英雄王伟

在海天交接的边际
云雾间有你驶过航迹
81192 呼叫，响彻时空缝隙
每寸山河被你的抉择刺穿心底

那一日南海的浪涛翻涌不息
挑衅妄图将航空遮蔽
你驾银鹰，如破晓箭羽
冲向霸权笼罩的阴影

生死存亡
个人只是一瞬，果断
用生命来捍卫祖国领空
战机陨落燃成不屈火炬
王伟，被镌刻在了海天记忆

此后的年年岁岁有海风相随

讲着英雄的过往
今日歼击机依然在呼啸
航母来往犁开碧波万浪
那是我们沿着你行过的途线
在续写传奇

今日山河无恙，盛世旖旎
你一定在海天之间
从未走远，化作了星辰
用爱国灵魂仍守着这方土地

师恩，岁月之光

——致所有老师

在时光长河
您是那盏守望的灯塔
在茫茫夜色里
为求知者指明方向
铭记住多读书读好书就是
通往未来的路

于每一个晨曦中
每节课堂上
每个深夜里皆是您忙碌缩影
如音符节拍
谱曲成智慧旋律
带我们鉴历史识现在展未来

用微笑和鼓励化作光亮
让我们长自信得勇气
充满了内外共修的力量

放逐成璀璨星辰
用您亮的属性传导熠熠生辉

师恩，岁月之光
照亮我们成长的旅途
无论现在还是未来
这份感恩将永远在心中珍藏

党日之光

在时间长河的坐标上
党日活动是熠熠生辉的篇章
信仰的力量闪耀着光芒

会议室里党旗飘扬
党员们齐聚眼神坚定明亮
重温入党誓词字字铿锵
初心如磐笃行不怠

聆听先辈事迹
化作精神宝藏让热血滚烫
艰苦奋斗往昔，激励着我们
在新时代的征途上
无畏风雨勇敢去闯荡
志愿服务的路上身影匆忙
为社区的老人送温暖给希望
清理街道汗湿衣裳
为家园的美丽贡献力量

岁月，足迹

党日活动
是红色基因传承现场
每一次感悟都是心灵的滋养
我们铭记使命肩负起担当
向着伟大复兴扬帆启航

热爱中国共产党

祖国啊
当我们翻开党史那刻
眼泪似断线珠粒，不断涌出
那一个个为理想，为民族
挺身而出的先烈们
斑斓汇聚成夜空里的繁星
照亮，在暗黑中摸索前行的道路

也曾有过迷惘与彷徨
闪念间，便又重新整理好待发行装
不动摇，为共产主义事业而奋斗
甚至去献身的信仰

曾抗过敌人，一场场枪林弹雨的
洗礼
突破过敌方的，重重"围剿"
勇闯了敌军的，策反埋伏

我们今朝拥有的幸福安宁
是先辈们，用鲜血和生命
换来的……
我们要铭记历史

缅怀先辈，继承光荣传统
让我们的国家繁荣昌盛
让我们的人民幸福过上
安居乐业的日子

热爱中国共产党

什么是廉洁

应是风骨，如冬雪傲梅
不畏严寒，坚守初心静等花开

应是敬畏，如松柏一样
头顶天脚踏地
去善待万物生灵，互依互存

应是气度，如菊般不妖不娆
在盛放之季
你若灿烂，我便隐去
不争不抢，只在属于自我的时点里
两袖清风，和一抹淡然微笑

应是品格，如深谷幽兰
不在乎名利得失
无论身处何方，把修养作为一生追求

用自律鞭策铸炼出

岁月，足迹

一种不可亵渎的精气神来
如谦谦君子，如炎夏青莲
正是共产党人，坚定恪守的
廉洁

七一颂歌

见了见，单衣粗布还有一层层补丁的服装
尝了尝，难以入喉的饭菜
看了看，低矮漏风潮湿的住所

走一走，崎岖泥泞平仄的路途
行一行，艰难险阻恭候的远方
听一听，他们击敲锻铸的初心
擦一擦，感动决堤的泪珠

轻轻的，我来过
轻轻的，你来过
我们都记得七一，庆祝这个辉煌时刻
为你颂歌，为你欢呼
是因为有了你，才有我们今天幸福生活

岁月，足迹

国庆赞歌

当五星红旗招展，升起
我身体里的黄河长江
在奔涌，流淌

辽阔的天空放飞一群白鸽
唱响这首，心中的赞歌
我爱你，我的中国
我见证了，你的腾飞
奋进，走向了新的征程

身披一抹红镶嵌在盛典之中
定格在辉煌强盛画框之中
每一分，每一秒
都在朝着目标崛起之中

看着红旗漫卷湿了眼眶
我将我的祖国，永刻在心上

逐梦行者

——致自己

在一次次挫败后
重塑　完善　羽化着自我
复原能力永在闯关中升级中

至暗时刻如影随形
希望说
燃起火烛能带我去辽阔
只要有口气息
向前走路漫漫定会修远
相信时间定会给人一个交代

太多太多的
墙里开花墙外香
也就见怪不会再怪了
因为关注点不在那里

生命是一程体验是一程修行

生而为人总有使命
向阳而生朝着光的方向
追逐······

第三辑

情之篇　小我情怀

我的爱八百里加急

在川流的人群中
只是多看了你一眼
我的心湖就泛起万千涟漪
爱，被牵引被流放

西北风开始吟诵离词
轻轻一触那些橙黄的叶子
如同受惊的群蝶
冷是难免的，霜已发了告急

看额上又被深犁出一道褶纹
还有征程的山路十八弯

撕开心底那份深埋掩藏
让思念自由蔓延流淌
只一句
我想你了
我的爱就会八百里加急

我的样子

也许一切是恰当的
或一切又是不恰当的
如一些事态猝不及防的发展
都不是顺着思路或情理为之走向的

在人生某程，被推入黑暗
恰好出现
一束光一盏灯，为你而照亮
再陪你负重前行一程，是幸运

大半的路程都需独自完成
送君千里终须一别
成长，即是收获

只是希望
在我走到黎明的那一刻
你就站在不远处看我
我步履蹒跚地走来，虽有些疲惫

或欣喜或流涕
应该是你期待看到的
我的样子

当暖阳遇到寒流

在精神的国度里
放逐二十七年的流浪
终潜入你落雪的梦廊
没早来一步　无晚行一程
刚刚好
合一曲高山流水

宇宙万物　赋季节轮回
热烈需严寒衬托
寒流待暖阳融化
无须分辨
我们是彼此要找的平衡点

插上诗意的翅膀
转乘真诚的微笑与祝福
同行远方的田野
等岁月的春暖花开
轻轻告诉你
有你懂我　真好！

岁月，足迹

100

当寒流遇到暖阳

（特别说明，本首为寒流老师回馈作品）

一剂旧情的膏药
难医　骨痛的风寒
蜗居的茧里　苍白的念
成一只僵蚕

许是　灵魂的悸动
普照的暖阳
唤醒了冬的梦

诗缘　成涨池的甘露
氤氲出最美的霓虹
一道精神的链接
我在此端　迎向有你的彼岸
期待　携手花开的旅程
共读心经

赠寒流

我总是会莫名地想起
在一段特殊时期中
浸泡在你空间里的欢颜
如同昙花般的绽放
瞬间被风吹散到四角八方

镌刻一幅我们奔赴的愿景
随着时间的流逝
或解或封
已不再重要

只要我的念还在那里深埋
长出来你微笑的轮廓
祈愿你的每一天都如我，初见你
隔屏，传送
自娱自乐，欢声笑语的样子

岁月，足迹

半壶风月

弱水三千，只取一瓢饮
尝出一半苦涩，品到一半心酸

时间如打马而过的白衣少年
半生无为，半世徒劳

船形月影清浅，高悬
把倒影投向水里，搅动一池莲花
摇落的花瓣随流漂过
映照出别样氛围
刹那被融入了此物此景中
这种带入有些恍惚，以致分不清
现身置画内还是画外

听玉笛声声，竹林沙沙
合音，跳动的音符在自由轻盈地飞转
一阵风儿拂过，撩动着长发
吹动着衣袂飘飘的美服

来饮尽这半壶记忆和怀念

在夏夜里，一坐到老
等风，等月，亦在等你和我聊天说话
这半壶里，装着
茶酒，还有风霜雨雪
一些一同过往

梦你

留不住你的影
我便用心去感触，秋天才有一次的激动
任荒凉的空间凝聚成，落雪的梦廊
随流浪的风漂泊成，为你伫立的岛屿

于是思念的月光灌注在
生命的每一个角落
最后的一颗心跳动在，硕大的空间

日子随着离去的影子，开始移动
收到你现期正值至暗时刻，为你流泪
并虔诚地为你祈祷

那是沉默九十九次后，第一次热烈
将跳动的心潜藏在，冬雪飘零的黎明
再让你冰凉的面颊
落入欣然热泪

断想你一定会踏着

歌声而来

然后转乘我深沉的呼唤……

岁月，足迹

八两相思

雨，一粒一粒以滴水穿石强烈的慢痛
在心底蔓延，疯长成一株株亚马逊王莲

风，吹过脸颊依然流淌着浓浓的咸涩
如果有一种方式，可以抹除记忆
宁可选择不认识，你
屏蔽掉一眼千年

酒，据说能消愁
遗憾的是，局中人不胜酒力
让一种痛潜伏成伤，钻骨入髓

寻良医找良药
无果，心病难医
解语字字珠玑，解铃尚需系玲人……

一瓢酒慰风尘

对于一个屡战屡败
屡败屡战的人来说，是否还能抓取一根软肋

要是有，也仅剩心念中残存的那束光亮
和一丝指引着，找回灵魂归处的定力

在千万次的问里，我还能拿什么抵押
救赎，遥遥远去画里的归途

背着使命的经书，来渡己
执行宿命里，不愿安排的安排

是清醒，是沉沦
交给灌输麻醉自我的，一瓢酒里
不问清浊，不问度数
只醉一回
就当作一个写作者
对生活对人生的一次体验和感受吧

岁月，足迹

突然好想你

最近，于梦里梦外
浮游着你，挥之不去的影子
也许是磁场亦或是此与彼的感应

我与你站在不近不远的距离
却有着恍如隔世的洞穿
可否算灵魂的相逢？

牵与念，吐丝　抽芽　疯长
漫过堤岸，无处躲藏
狂涨成
泛滥的江海，谁来救赎？

是塌方，是沦陷
我的呼与唤，已是一块发不出音的哑石

关于欠与被欠，总有着绕不开的轮回
那就让记忆深印清晰吧

讲与不讲，都明了于心

沉入潭底，自己反复讲给自己听
要与自己妥协，要与一切言和
把心念中这朵，白莲花
盛放在，永不凋零的季节
遇见你，便注定了我要节节败退！

等候

依在圣洁待放的枝丫上
梦里梦外地等你
朝着期许你的方向

满眼蓝蓝的湖水
泛着粼粼波光
一晕一晕地划开

你可记得来时去路
还有痴痴的我
立在原地
等候

觉醒

失忆的风
动了动嘴唇
终，没底气说出该归何处

压低的阴云
被闪电擂开道道血口
无能，为力
便让宿命的雨一泻而下

既然一切都是，必经的过程
请别怕，至暗 无助
是这些痛彻心扉的过往
才可以使你
真正觉醒，成为不一样的自己

岁月，足迹

等待

褪却一身裹挟
露出光秃秃的线条
虬枝在严寒中瑟缩
一颗向上攀援的心从未改变

念　点燃不灭的火烛
闭目默念，冰冷是暂时的过渡
朝着阳光，只要心是暖的
刨开期待深埋着的土壤
去翻涌出整个，春天

听，有风声雨声
鸟鸣声
合着哗哗的流水声

雕琢心思

想撒一粒种子
能长出一枚清月
挂在严寒的枝丫
赋予了骨的意象，盛放出朵朵梅花

我抚摸着月亮的额头
夜的披风绣着各异耀眼星星
海面的涛声此起彼伏
吟唱起绵绵不绝之曲

于是我站立危楼
伸出手臂想拉住，缓缓上升的
这轮月
扒开它所有隐藏的心思

岁月，足迹

记忆是一面湖水

岁月在无声地流淌
记忆如铺在湖面上的纸张
落笔的功力无关到位与深浅
都无法寻迹踪影

波澜 涟漪 逐浪 飞花
每一种姿态何不是岁月节点里
的盛放

调适一种定位
或趋于平静，或而进行韬光养晦

最喜欢杨柳立岸
轻风微抚
清澈见底的湖面，倒映出
最美最靓的风景
于是记忆的湖面
便开出，无数朵婉约的莲花

懂你

恰在　恰到　恰好
一眼便确定成为日后的
知己或好友
一种莫名之熟，在心间流转

似立于河岸
我便是你水中的倒影
了然你的远忧近患和一些隐痛

无须多言
在各自的空间领域发热发光
当我们需互相协助时
成为彼此最信任最坚实的后盾

因懂得各自，一生有你
足矣

心态

这一趟远行
近在咫尺　远在天涯
无绪的烦恼丝　垂向三千尺
终也没绕出宿命的发簪
曾暗示过多次
会老死不相往来
可世界小得可怜

用慈悲的胸怀理解人事万物
会豁然开朗
原谅了不该原谅的
放下了曾经放不下的

没有什么大不了的
明天的太阳依旧会从头顶升起
朝着光束的方向
每一天都是
春暖花开

回眸一笑

如果生活以暴雨相袭
找个安身的角落去等候
用时间和耐心熬过
最苦时光

只要心念不灭
一切都如期待的样子，会到来
心怀阳光，才可行至远方

恰如你回眸一笑
让所有的痛楚不悦，一溃而散
被风雨洗礼后的你
娇艳成岁月里，盛放的花儿

岁月，足迹

写给另一个自己

我们都在找寻
属于自己的那片天空
一路走来，从不缺，风雨
生而为人，要能渡，自己的浩劫

夜黑风高时
停下脚步，思索
骤雨突袭时
提前做好抵御措施

与自己握手言和
不给自己制定，不切实际的目标
相信，和强大自己
在知行合一里，相互拥抱成为，兄弟
我们一起奔跑吧！

拔节

躺在松软的泥土里
有微风的催生，有细雨的润泽
还有适合的光照

一粒粒种子就这样
活蹦乱跳地蹿出了泥土
揉开睡眼，抚摸着暖风
顶着白云，沐浴着柔光

噌噌地向上，用力去生长

岁月·足迹

对孩子不能溺爱

是掌控
或是过分的溺爱
所处的立场角度不同
便解读出不一样的冷暖

依然在遮风挡雨，伞下的成长
如同温室里的花蕾
只要放在阳光风雨的环境之中
马上就会蔫掉或者枯萎

对孩子的教育
很多时候是，自己童年所缺失的部分
——给予了补偿
而恰恰这样，导致了营养过剩

其实一切都该趋于平衡
像破坏了人与人的关系

人与生灵万物的关系
人与自然的关系
所引发的蝴蝶效应

找寻

对于山与路的距离
那些惘然惆怅
连同失语的风
席卷着一些尘土泥沙掠过脸颊

想说教点什么？
明了，向上的路途
无一段，是归于平坦的
既然决定了远行
便注定要风雨兼程
岂能畏惧风雨程程呢？

既然选择了，难行
就接受，苦与累相依相随
心怀希望，找寻诗和远方
找寻心灵的故乡

日子

柴米油盐托起袅袅炊烟
在煎炸烹饪中
体味着苦辣酸甜

将夜掰短 把日拉长
避过雪雨
走进阳光
染成七色斑斓

有滋有味地热爱此时
热爱生活
活成积极的样子

岁月·足迹

女人花

生初芽长繁茂
盛心酸，酿快乐
驱烦恼，淡得失
这便是生活
终其一生，来完成整个过程

抗过了骤起的风浪
抵过突来的暴雨
跨进四十岁的分水岭
容颜，渐渐失色
却沉淀了从容与淡然
及嘴角那抹浅浅恰当的笑

一个优雅转身，一个沉稳回眸
足证被岁月洗礼和刷新过
如同盛开在秋冬接壤的花儿
耐看，且禁风

期望

在孩子的成长中
物质或恐吓
不是沦为他们听话的筹码

再多的冠名为你好
不如一份安全感，来得踏实
从而去抚平恐慌、孤寂，和无助

眼眸遥望远方泛起的流光
已深喻了
望眼欲穿的期望
在意念的土壤里生根发芽
陪伴着一起成长胜过千言万语

岁月，足迹

放飞

孩子和父母的相处
就是一个逐渐放手的过程
从呵护 到长大 至远行，有多远？

山山水水，一程兼一程
放在心间，捧入手心
只愿一切安好
朝着阳光的方向出发吧

如放飞在晨空下的白鸽
依然是放不下的牵挂
期数着归巢时的日短天长

如果云知道

是逃逸
还是远离
绝不能踏回原地

躲在角落掩去泪滴
擦拭伤口血迹
在黎明中找些勇气

如果可以飞檐走壁
如果云能接收信息
作一次投递
改变自己

七月芊芊诗骨

与山水，与微风
与烟雨，与天地间
点睛蘸色，绘一幅定格画卷

或登峰，或漂流
或徒步，或驾车
总有那么一处，是你神往的地方

喧闹和聒噪，沾染了蝉鸣和蛙叫
不分昼夜地扯着，破锣嗓子
经十年寒窗历练的孩子们
开始初展羽翼，穿梭于大街小巷打起暑假工来

不一定，要求自己能挣到多少
不一定，真会减轻多少家庭负担
至少清楚生活的不易，和父母辛劳

坚定自我，负责自己人生的勇气和骨力
莘莘学子，你们是祖国穿过晨曦的每缕阳光
将一粒粒文字，嵌入你们青春的诗行

春之韵

我们总在叹惋
一些似水流年的日子
关于入局的热忱
出局的落寞——隐去

不变的是四季更迭
收获的也不过是
年轮一圈圈划出的印迹

终点与起点再次接壤
给生命燃起热烈火焰
迸发出生机
织一幅花香鸟语，熠熠生辉的蓝图
沿着时轴不断……

结

你的出现不惊不觉
或已惊已觉
抽丝成千千之结
结结入心入髓

盘在心头
却无药可医
亦如体疾中的老寒腿
一到阴雨天气
那种钻骨钻缝的刺痛便堵在
胸口……

一生中唯独这个结
打在心上，难以忘却
无可幸免
重则可使人，要去半条性命

岁月，足迹

思念故乡（组诗）

（一）

你活成了我的，软肋
一触及

便想着拥你，入怀

（二）

一弯浅月

那头打结在，清冷北方
这头放一根，垂钓思念的线

（三）

一幅镶嵌在，心灵
梦廊里

永不褪色，的油画

（四）

梦里　梦外有
绕不开的

那山　那水　那人

（五）

一入诗，便使得我
心重，千斤

扛不动，的文字

（六）

一动情，眸光里

翻涌出
万千星辰，大海

（七）

一煽情　万头小鹿

撞入胸口
便开始 嘚嘚奔跑

（八）

一入戏 就没绕出

这一亩
三分地 去

（九）

一入梦 绕山绕水
怎也 走不出

你画的 原地

（十）

一动心 就飘然
落成万空里

思念的 雪花

落雪（组诗）

（一）

天使　挥着　魔法棒
吆喝出
万空　飞扬的　精灵们

（二）

将　粒粒　结霜
的
泪滴　洒向　人间

（三）

漫天　飞扬

抓不住　开不出
的花儿

岁月，足迹

136

（四）

在岁月的　留白处
我
一塌糊涂　清欢整场

（五）

一出尘　沾染莲花的气息
清心　寡欢

一入世　灵了山　秀了水

（六）

放牧　漫天　飞花
只为
卿心　所念

（七）

吾　归心　似箭
站在　风口

等你
素裹　山河

（八）

念　封冻成
结霜的白莲
盛放在　冰冷　季节

（九）

悬在　树丫上

诵经　打坐
周转四季的轮回

（十）

覆　梅花　枝头
等你

嫣然　一笑

希望（组诗）

（一）

谁不曾有过至暗的时刻
和途经过至暗的路段
只是所遇的时间不同
或是漫长或是短暂，或而较早或而晚来
面对不堪
以态度和勇气为界，划开了一道长长的廊亭

生而为人，总要历经险阻与孤寂
在踽踽独行中
还能保持冷静与优雅
撒一把种，让心底生长出株株秧苗
供足了养分，只要不被击溃
岁月便能盛放出一朵，逆境花儿来

在"星垂平野阔
月涌大江流"的画境中

嗅着花香
牵着风引着雨，一直前行
挺到了黎明和日出时分
便是不灭的希望

（二）

希望是一支不灭的灯火
在彻骨的黑暗中来临
能使你
清醒地认识到是自然的更迭

平静地煎熬过幽暗 寒冷 星光
黎明破晓——旭日霞光

才配拥有最耀眼的光明
意志不灭奋斗不息
所谓希望！

岁月，足迹

雪中，你（组诗）

（一）

是，梅花
为什么嗅不到，沁人幽香
不，是春雪
或许该叫，雪梅
琼枝摇坠，却耐不住你的覆盖
给大地铺履装潢，粉刷着银花

让雪梅树穿着，佩戴
沉浸漫步
踏入，不变约限的婚礼殿堂

你无休止地，洒落
我无阻止地，容纳
白色，此刻是你的专利和标记
是我的所向和慰藉

（二）

你久久地，久久地
一如既往地，守在那里
却从不坦诚洒脱地，表白
深埋在心底的，等待

红点，延展到红色
引发，你的惘然
和滴滴无言、滚烫的泪珠
既然在这辽阔白里，在乎我的存在
既然在你生命旅途，此程
认定，我是你的向往和所求

可你为什么
不向我，表露你的心迹呢？
在风中，在雨中
是这样
直到雪中，最后一场雪里还是
无所表示或表达

于是，我便转身
选择离场

（三）

尽管我早已，察觉

你在我身边倾注着，温情的小溪

但我宁可，装傻一程
想完全看清，你真实的样子
俗语说是君子兰，早晚都会开出花来
狼蒿草，是越长越臭的
没有瞒天过海，一说

不要去怜悯，而开一列返途车
那样，你会弄丢自我
若是在乎，就不会冷落

渡过一场浩劫
你便算是，活过了重生了

（四）

后来的你说，曾在雪停前
做过无数次，挣扎
是反复权衡
导致的一程错过

人生途中，能有几次义无反顾？

所以后来的我，风轻云淡
把这程辽阔的白，作为留白

写进，诗句的章节

那个雪中的你
已成了我不想提起的过往……

淋湿的请柬（组诗）

一

未预想过晴天会被突袭，有雷雨造访
没有备伞
任狂澜的雨来肆虐敲打

思绪，万千
点燃灵感之火焰
在水深和火热中寻找出口
雷电一波压过一波
从声嘶力竭，到完全哑然

二

谁打动了这唯美的雨
润物与杀生
在两个极不对称的场景中互换
或早或晚，无路可逃

那就让这宿命的雨，一泻而下吧

一场山洪，是由起初的小雨
勾兑成，浓烈的高度白
以至于这酿，一发不收
看着就让人醉了

三

在反复拉扯中
我将雨景的镜头切到江南
烟雨里，你氤氲在雾气下
将你置向
分不清是梦里还是梦外景象

这一丝一缕，细弱游丝的碎雨
如尘烟一点一点落在
你的衣襟发丝，柔柔的软软的
你都不舍得去撑伞，生怕
她一转瞬就会隐去，不着一点痕迹

四

瓢泼大雨下在北方
正如北方人的性格
爽快，直接

岁月，足迹

三下五除二地
降低持续已久的高温

北方的姑娘和婆姨们，也没一点矫揉造作
看，处在大雨正淋中
会不顾形象地去疯跑
飞速行动
挽起裤管，直杵杵地蹚进雨水
或摇摇头
或甩甩发上不断滚落的雨珠

思念成霜（组诗）

（一）

秋风清，秋风起，月瘦如钩
独自倚栏，远眺山外山
咸阳古道至此，音尘绝

绵绵之恨，剪不断，理依乱
驱不走心田的在意

茫茫情之，路
何处是归途？何处落归途？

（二）

秋风在季节，在心上起舞
这份拉扯不断的情，把月都瘦成了钩形

我独自倚在栏围杆，去

岁月，足迹

眺望远方连绵不断的山峦
关于你的音讯，全然切断

这份爱与恨交加的情，剪不开，割不断
怎么也走不出，从心底涌起的在意

在茫茫人海，在这凄苦的情路上
有哪个地方是我宿命的归处？
是我落脚的归处？

雪（组诗）

（一）雪

首先你是信守承诺的
在初入阴历十月的北方
便将一粒粒精灵，纷纷扬扬炫落而下

把憋久的那股劲儿
一再坠落
叠加成一张张棉絮厚被
任六瓣琼花，掩盖留白
可画龙点睛，亦雾里看花
抒写成万种风韵

在自由空灵中
发挥
忘却曾在其他季节的姿态
在粗犷的北方，略去扭捏
即便是蛮横的飘洒

也有凌厉的风替你，扛下一切
一白再白，苍茫茫地
清空那些不快的往事

（二）听雪

撑起一柄油纸伞，静候
站在季节的风口
闭目凝神听你悄然飘落

发出沙沙细语
一步一步向我走来
似微风抚耳，柔柔一滑
便再无踪迹

用心去感受
一份洁净与宁静
意念的荷塘盛开出无数莲花

（三）夜雪

雪，给大地铺上了层厚厚的棉被
原有的瑕疵——掩埋
路灯的温热将雪化水，遇冷后二次凝固
形成冰柱结成灯罩发出淡淡的幽光
就着光影产生一种白云浮动的幻觉

白杨挺拔地坚守在墙围边
几面醒目的五星红旗摇曳在夜风中
远处青黛色的大山也裹上了银装

此时突有一种养狗的念头跳跃而出
就在这寂静夜里
来上演一场"柴门闻犬吠
风雪夜归人"的戏码

（四）春雪

对无约而至的你
是意外更或是惊喜

这恰好的抵达
此刻的我，　却是词穷的
就像围在聚餐桌上
未曾讲出口的祝福语一样

至于讲与不讲都影响不了
这些自由轻盈的精灵们从天际
缓缓炫舞而下
一片续接上另一片是那么的默契
略润的空气里，泛起一层浓浓的雾氤
一种飘飘若仙之气，在悄悄妖娆着

站在大地的留白处
那些冷抒情
被掩埋在春雪之下
便是我永远，写不出的诗句

窗外（组诗）

（一）

是一道风景
是一份望眼欲穿的念
不知需多久方可落脚抵达
现实与理想本身就有一段距离
因为停滞在原地时间太久太久了

把自己喂养到了麻麻木木
如果从现在开始反复地去泼冷水
可否能历练出醍醐灌顶的功力
那应该是一件求之不得的事情

复苏的灌木开始
抽枝生芽
眺望虽已养成了一种习惯
但现在已到了推开窗走出门
看看蓝天听听鸟鸣，还有哗哗的流水声

岁月·足迹

（二）

定格的风景
却是无法企及之处
在人生进程中
总有一些无奈和遗憾
是一道道被心底掩起
深深的伤痛

远观
是一种幸福
守望
是另一种陪伴

窗外
在有生之年，让你成为我
瞭望这方圆之内的，风景吧！

河流（组诗）

（一）

于昨夜的梦里
我又见到了每块石头上
长满绿苔的那条河流

石缝，依旧游动着
成群的小鱼儿
只是少了那些童年的玩伴们

我的手腕再一次被玻璃碴儿
割破。血融进了河流中
那些放置在瓶子的小鱼儿
在拼命地外逃

（二）

我被一场梦惊醒

仍摁不住，速升的心跳
有一些童年留下的伤
是需用，漫长一生来疗愈的

比如，我对水的恐惧
因不会游泳蹭到泳池里
而遭呛水，险被窒息
抓鱼时打碎瓶子后，割伤的手腕
至今仍未抹去那团阴影

看招摇的芦苇草，一摆一摆的
咋看也是招摇
扭动着她的身姿，打油晃水的样子
不就是你的脚，扎根在河流中吗？
用得着宣示主权吗？

（三）

山村发了一场大洪水，是从
山顶一泻而下的，如宿命中
流淌的雨

没弄懂，堂哥已长到七岁了
咋还是不识路呢？开玩笑的牛倌儿
告诉他跟着水就能回家，他信了

堂哥和表哥，是一起去野外，玩耍时

被洪水堵截后，遇到了牛倌儿
才给了他误导的机会
导致兄弟俩分头走丢失了

表哥比堂哥小了一岁
表哥回家后，跳着跺脚说
"啊呀万万跟着水走啦"
家里人着急地说，到底跟谁走了
表哥反复说跟着水走了！
跟着水走了！
"啊呀万万跟着水走啦"！

（四）

中年后的我
被九寨沟清澈的河流所陶醉
被岷江的水，生生不息的涛声
所吸引，所流连，所震撼
渐渐地关闭上，对水恐惧的阀门

这种神奇与美妙
来源于心流
我深信自己与水重新建立了
某种高维的链接
被水，又再次唤醒
在一条汩汩流淌的河流里……

岁月·足迹

等一场雪（组诗）

（一）

对你的思念沉淀向心，最底处
生怕被洞穿，收敛起所有可寻细节

尽管层层包裹，依有蛛丝马迹
在春联中，在窗花里
在灯笼内，在燃放的烟花外
尽管我久置哑然，天地万物可鉴
一切明了于心

那么的企及企盼，你终是在该来的节点未到
我把那份落寞，一样隐去

（二）

在未做任何恭迎与准备的前提下
却在深夜，突然到访

来得如此猛烈，如此热诚
甚至无所适从
雪白之外的雪白，将一切瑕疵掩埋

你依是阳春雪白，更彻底的白
以至于我的脑洞都是空空如也
想说些什么？强忍咽下吧
多么不合时宜的话，在错的时间里
让这长长的叹惋！在飘飘扬扬中得以解脱

（三）

一颗灵魂，寻迹另一颗灵魂
应在一场春雪里完成
短暂，却伏笔着生命季节无法更改的轮回
我醉卧在这场千年古雪中
画面开始清晰，你绽放着十个世纪前的佛容笑意

（四）

定睛，我们依旧能在人群鼎沸中
识别出各自，不是因为多看了一眼
而是灵魂，记得我们彼此
没早一步，没晚一刻
恰好，等一场雪
等一季春，等一个人！

故乡（组诗）

（一）

于一座山，作别
于一寸土，作别
于曾居的窑洞，不断去回眸
于一条河一口井，反复回望

轻轻地我来了，又走了
你看到我了吗？

走近后
才知你的体征，大不如从前
山没以前，翠了
土上长的苗苗儿，没以前旺了
河流越变越窄，似乎已是一位瘦骨嶙峋的老人
那口喝水井，荡满了尘灰

我也被鱼尾纹织得，更似游动的鱼尾啦！

（二）

那棵歪脖子沙枣树
更粗更壮了些
花香味儿，倒是一丁点儿没变
晚风轻送时，飘出十里八里
清甜清甜的，花香味儿

这几年的光景，倒也没少
让树上这些刺儿疯长
别小看那些，灰灰的叶子
能散发出，淡淡的清香来

（三）

我最喜欢，天然的那些草坪
在这里不叫草坪，叫寸草滩儿或草寸畔
长势很旺，很密，很高
躺在上面，像一张大而柔软的床榻

小风儿吹来，柔柔地摸着你的脸颊
撩拨着你的头发
偶有几只蚂蚱，过来啃咬你的手臂
碰碰你脱掉鞋子的，脚丫
此时，你愿忘记一切
停留在此刻与当下

岁月，足迹

（四）

老汉树，就是老汉树
再怎么长，长到百年
也不会发生奇迹

依旧佝偻着腰，不粗挺细的样子

据父亲讲，它们的年龄已经 60 开外了
好在，当时栽种就为防个风
御个沙
没啥过高要求，按这个标准来说
也算，喜悦

（五）

山风吹过来，突有一种悲凉
像被流放
山脚下没有了村庄，人家
连绵起伏的土边墙，一伸再伸
一延，又延

如果真算流放，那我还算得上庆幸
要比王阳明的龙场，空气好很多
要比苏轼的儋州，眼界宽泛

白昼登上峰处，就是
"会当凌绝顶，一览众山小"
夜晚撑顶帐篷，落脚的话
会亲身感受到，一份
"星垂平野阔，月涌大江流"

（六）

这方贫瘠的土地，依旧喘息着贫瘠
错综复杂，七拐八绕的土路
仍如盘在我肚里的肠子，已融入我肉身

这些画面，时刻在我的心底翻涌
是念，是恋，是眷
不断反复地，拉扯

说与不说，已住进了我的梦里梦外
见与不见……

岁月，足迹

第四辑

怀之篇　岁月足迹

北方的三月

踏进三月，北方的凛风仍在延期
退寒之意，一慢再慢
适合长芽的泥土，还欠点火候
早晚时分依然覆着冬的余温

山坡坡上钻出些许，早醒的毛朵朵花株
半张开，欲说还休的嘴巴
突兀的黄土岭上
勾出几笔桃花红，杏花白来

花尖尖上开始流转微弱轻风
不知不觉在写着初春的序言
此时脑子里有个问题在激动
怎么能加固这季的缆绳，不让它在脆处断裂呢？

于是对坐在山川河流之间
紧随半冰半水、一草一木的变化
耐心等待，北方的三月犁出整个春天

紫藤花儿开

迈着不急不缓的步履，在晚春里走来
身着一袭优雅渐变色，衣裙
瞧，底端乳白，中间涂上浅紫，顶冠韵成深紫
借一程东风，把这淡雅清香送出十里以外

这种窒息的美，使我缓不过神来
听，各种鸟儿躲在花间私语
只闻其声，不见其身

于是我奢侈一把
在紫藤树下，着一桌，数椅
沏一壶白茶，与李白、白居易、李德裕的诗句对饮

穿越回盛唐
双手抱拳道一声，晚生有礼了
用手去抚摸，一缕缕垂落的紫藤发丝
触感是否有所不同或相通呢？
亦或闻一句回馈语，你为什么也如此喜欢紫藤花儿呢？

岁月·足迹

深秋我与圆月对白

邀不邀你，都会如期悬于天际
只是在这个季节里
多了些成群，还在夜行
赶路南归的大雁
和洒落在天空，嘚咕嘚咕的鸣叫声

苍凉的气息，被夜色渲染
透着，烛火燃起泛出的弱黄光韵

月色此时，就是叠加赠品
一份无法遮掩的喜悦，在弥散着
忽觉得，有种锦衣夜行的憋屈
夜拉开幕色，让此时的美在隐隐浮动

找一个支点，把圆月挂在树丫
树景，映出一半碧绿叶茂
一半被秋风，抽打成秃枝
划开更迭，早来晚到的叹息

你在咫尺，她身处天涯
共邀一轮明月
脑海勾出，三幅不同画面

苏轼背着手，道
"但愿人长久，千里共婵娟"
张九龄扶着额头，吟
"海上生明月，天涯共此时"
李白醉眼迷离地，说
"举杯邀明月，对影成三人"

倒影

在闲暇时光中挤出一点时间
去垂钓
钓鱼 钓景 钓挚友
不管是哪种都一样欢喜

若钓的是鱼便可做顿美餐
若钓的是景便能放缓心情
若钓的是挚友便重逢聚首

于平静的水岸线找寻无限可能
一阵风轻扫儿过
荡起一晕一晕的波纹
水面上浮出的蓝天云朵
开始在额头上划皱
直到沧桑在你的眼底里沉沦

这个时刻突冒奇想
如在中旬时节的夜晚

去打捞一轮明月
那是一番何般景致呢？

湿漉漉地托起一枚白玉盘
此时在月心挖出一个圆洞
便是一枚月璧
长长久久倒影于心底

岁月·足迹

夜晚的仿古街

步行，从城墙西口翁城穿门而入
是最合适的
其一你可领略护城河之水，及倒影城楼上
灯火靓景
其二是最捷径可达的路途，还可以浏览
跳蚤市场，不绝于耳的叫卖声
和琳琅满目的纪念品，饭馆子
总能让你找到，心意所想的地方

边走边看，就遛到了，仿古街
被黛瓦红砖围起的，华严寺

街的东侧是一排排，古色古香建筑
兜售着旅游所需的，各类物品

街心摆小吃摊儿的人们，如不停歇的，机器人
再看就地卖小玩具的，只说一字"火"

最悦目的是，凤临阁
排长队等，品尝正宗烧麦的人
多之又多

其实最让我念念不忘的，是
四月份仿古街的夜晚
华严寺里的沙枣花儿，恰在开得正浓时分
夜风轻轻刮过
便送出十里地外，满是甜甜的花香味儿
你若来到了大同
一定要，到仿古街走走

萌动

青草踮起脚尖
柳絮垂落出鹅黄发丝
桃杏吐出苞蕾晕开了嘴巴
小昆虫们合曲鸟鸣
跳着广场舞

一片欣欣然的美妙景象
铺展开春的画卷
只待一声雷惊
一场及时雨
来助燃，万物生灵
催它们加速加快步履
捧出一个期待，萌动的春天

春天来了

我不知道，季风
是白天赶来的，还是夜晚到达的
文瀛湖，冰面已涸出无数个水洼

顾家的候鸟们，三三两两落在岸边
休憩片刻，便潜向洼处
或在找食或在试水温

广场上带孩子，放风筝的人
多了起来，空中
鱼龙共舞与鸟鸣胶着在一起

景区，钢筋围筑的那尊大佛
线条开始柔软，顺目
渐渐失去冬日那份嶙峋，铮骨

路边草地枝头，有一些冒尖儿的绿
孩子们追逐声，笑声
不绝于耳……

岁月，足迹

176

杏花村

牛背上的牧童
大隐隐于闹市
取而代之的是车水马龙
铮亮漆黑的柏油路上
别去指望，用手比划个方向

嗅着花香
把人引向了最深的巷子
酒香弥散
经过的人无一例外
此时不断地在吞咽着口水

小二，来一壶⋯⋯
待夜晚时分邀上
明月　清风　与我一起对饮
在动静兼容的画卷里
留一串串来杏花村的足迹

送夕拾景

夕阳把片状光束，甩在西城墙上
将倒影再次投向，护城河面清澈的水里
晕着金色半挽的团发，特别亮眼

一群鱼儿正赶往倒影周围
护城河中的荷花儿，站立得笔直
似乎在举行某个仪式

北方夏天早晚的气温，落差很大
被树木绿植环绕的护城河岸
在夕阳沉没之后，送出清凉

络绎不绝的游客，对白着，不同的口音方言
步行在河岸上，河岸很宽，很阔
有健身的，还有野生娱乐在唱歌的……

时间再往深度延长些
等城墙上燃起了，通明的灯火

岁月，足迹

四个上下口都涌满了人群
客人们既然来了么，就想不虚此行呀
各种拍照是必备的

月亮升起来了，星星也出来凑热闹了
早晚温差很大
与晚风微送相互叠加
是一凉再凉，是一爽再爽

在这个炎热的夏时，有美景有清凉
如果您有空，请来大同走走
看看城墙，游游护城河
尝尝美食吧……

遥远的村庄

春的气息，在暖风中
在每张憨实笑脸上
和拉开劳作帷幕的当下

一些撑不住气的杏花儿，在院落里
在日照暖暖，晒着的半坡坡上
抖落出全身家底，连同余香
抛给了，村庄

耕牛，不同原有印象
是被拴起来的，是清闲的
它被冰冷的机器，取代
宿命堪忧

喜鹊未见身影，巢穴依然挂在树杈
两墩对坐的烽火台
在镜头下，言诉着尘归尘
土归土

岁月，足迹

那声声，曾此起彼伏的犬吠
还有袅袅上升的炊烟
及笑问客从何处来的小童
是否也被置为，留白……

雾凇

昨夜悄悄飘落了一场
不大不小的雨加雪
清晨的路面已融化

想找寻一丝足迹
也唯独能在树丫上了然
那些点缀成，各有迥异的雾凇了

一阵风儿柔柔拂过
零零星星地摇下
点点碎片花瓣
此时的美，无法用语言来表达
我近哑然或词穷

就是一种，错

岁月，足迹

点燃六月荷韵

六月的夜晚
漫步在大同古城
护城河成了一道靓景
人群不绝
城楼上的灯火
与水中央的荷韵胶着在一起

白月凑着热闹
把圆圆的脸庞蹭向荷塘
一阵凉风抚过
荷叶　花枝　苞朵儿
开始一起彩排
人瞬间被迷失时空或融于其中

根本分不清自己
身处画里
还是站在画外

大同刀削面

把和好的面贴在木板
用肩头和手臂调出一道滑坡
拎起削刀的那只手
拉出有节奏的弧
盯着那口沸水锅

匀称劲道的小鱼儿徜徉三五个滚儿
淋上一勺喜欢的臊子
滴几滴醋
加一撮儿，灵魂的香菜

请，远道而来的朋友们
兜兜的来上一大碗
地地道道的大同刀削面
那叫一个香

岁月，足迹

故土情

在归来与远行间不断拉扯
在迷惘同希望中决定着去留
一条路，一个人
无非是渐行渐远，无非是愈走愈近

放不下的
无非是那方热土，和养你的父母
无非是山水一程，陪你一起成长的人

还有那轮故乡的月亮
那山，那水，那草，那木
一声声高低起伏乳名的喊叫声……

天空的画卷

繁星在夜空眨巴着调皮的眼睛
月如灵活滚动的圆环
一半沉陷在分离
一半跃向喧嚣欢聚中

太阳在白云上放歌
给每一缕阳光都点洒上音符
约好一同来点燃万物生机与气息

黑云开始闹脾气，把云层越积越厚
闪电乘虚将胸腔撕裂
豁开无数道血口

宿命的雨，一泻而下
一阵，阵痛过后
太阳顽皮地钻出头
扮着笑脸，伸出它的大手
划出一座美丽拱桥

岁月，足迹

和风细雨

柳絮吐一串串鹅黄
青草冒出顽皮的小脑袋
蹦来跳去的喜鹊在枝丫上
来回穿梭

引燃　春天
本就悄无声息
无须烈火

一阵风抚过
压低的云层越积越厚
听脚步声　在沙沙作响
在树梢上　在微风里
一种柔柔软软的触感和气息
在新一圈的年轮中舒展着　舒展着

纸上风雨

前辙后鉴在历史的车轮下
愈行愈远
目睹泛黄书页
那些神采，韵味
被重新复活

越过道道深辙
使后来阅读者，有了思考和创新

遥远渐近，渐近又走远
恍惚，就是你和我昨天发生的过往

只不过是墨，晕开的流年岁月
被深刻铭记于了，纸上
每个章节里
都是一场场腥风血雨
取而代之的更迭

走出泥泞的路

窗外的雨滴敲打着玻璃
沉入了对往事的回忆
不停地在希望与失望中
对冲和纠羁
没弄清问题到底出在哪里

曾寻书卷三万里
还站在至暗的原地
立于水与火的边际
生活还得继续，需去整理情绪
重启航程要靠自己
生活会回馈你，未敢想的奇迹

看到伞下有那么多温暖的手臂
给自己一些面对困难的勇气，以示鼓励
朝着光亮而去
接受一个屡败屡战，坚守信念的自己
走出这段泥泞的路
奔赴有阳光照耀的大地

醒

踩着春的鼓点
在泥土里扎个猛子
沉沉地睡去
等"天街小雨润如酥"

将一粒种子
逐步扩张，衍生
律动

让春风掀开厚厚的土被
打个哈欠，揉揉眼睛
抽出嫩绿的小芽
顺便儿，叫醒冬眠的小生灵们
一起开场，春宴吧……

残荷

一塘荷失颜褪色
于枯枝瘦叶劲挺深秋
想留住些什么？

该走的季节
没有谁能阻断或挽留住
决绝得，甚至不留只言片语

几片还有生命体征的荷叶
摇曳在池中
一晕一晕的波纹
荡漾开欲罢还休的涟漪

挥手道别吧
2021 年 9 月 16 日
如果还记得，来年一定会重逢

老屋

那些定格的欢声笑语
似乎还在耳畔萦绕
有追逐声，有嬉闹声
屋顶上盘绕着袅袅升起的炊烟

看，青砖黛瓦的院落
门前镶嵌着一条窄窄的小道

几株幼树旁边还站立着一些
无人打理的花苗儿
屋檐下摆放着堆叠齐整的火木柴
就差几声乳名，亲切的叫喊声……

岁月，足迹

192

流浪

走过一程程
山路弯弯
溪水潺潺
石道坎坎
天空蓝蓝

各有风土乡情的韵
那一段是我宿命的归程
不停地问
无歇地找
路一直向前延伸
心未落脚，人始终在流浪中漂泊

山外青山楼外楼

山外的山
于北方，铺张开起伏绵延
　　的画卷
楼外的楼
于烟雨江南，才有她
　　的故里

或远或近
或亭台或水榭
只不过是，祖国万里
河山的一隅

在描写同样场景中
我的诗句与古诗词相比
已黯然失色，或说压根没有颜色

于是我脱口而出，山外之山

岁月·足迹

是"会当凌绝顶，一览众山小"
楼外的楼
是"不敢高声语，恐惊天上人"

等一场雪

人最大的耐心
也不过是
在煎熬中无期的等待
等，岁月给出一个交代

走过春，穿向夏
转入秋，渐进冬
站在季节的风口
踮起脚尖，翘首以盼

潜藏在隆冬
静候你，以奋不顾身的姿势
纷纷扬扬地向我走来
在茫茫天际，诚信礼待
厚重相拥

等一场雪
是在等又一个季节的春
也是在等一个人……

夏日诗笺

蝉与蛙同台，低吟浅唱着
狗憨憨地，吐着舌头
躲在树下纳凉的人，仍摇着蒲扇

抬眼望去，天湛蓝清澈
云朵白得，让人清心
未曾露面的黑云，被流放到了哪里？

还好我的居所大同，是个避暑之处
这里早晚温差，挺大
最恰好时分，选在日沉之后
漫步在城墙外的，护城河畔
那种沁人心脾的凉意
可穿过你的皮肤，渗向毛孔，涌遍全身

看此时，河中央的莲花正值盛放
络绎不绝的鱼儿，列成不同方阵游来
有的排成一根直线

有的无序闯入，似开锅的饺子杂乱浮动

被惊扰了的荷花，韵出含羞笑颜
把最深的思念，悬在尖角上
任蜻蜓和风，植入夏日诗笺中

无欠不念

一首歌的播放或响起
总能让一些往事
再次在脑海翻涌闪现

一个人的走近或疏离
总可看清权衡后的结局
虽只字未提
却已结果明晰

无谓对错
一切的发生
都是趋利避害，画出的句点
也无，欠与被欠
既然是情出所愿
那么就不谈谁亏谁欠

无欠不念

我和春天有个约会

炊烟袅袅升起
火熬慢炖里的思念
依山傍水的世外，人家
赴一场春天的约

松软的土沁着泥香味儿
树枝张开嘴，吐着嫩绿苞芽
一些骚动的小昆虫们，开始活跃起来了
看，寻着花味儿正在攀援花蕊

刮来北方荒原的风儿，还是有些硬朗
据说能吹破琉璃瓦
确实，没掺一丁点儿的假

听扯着嗓子的布谷鸟鸣叫
再望一望，碧蓝天空中排形布阵的大雁
和缀满山岗，移动的云朵儿

岁月，足迹

对了，还有羊倌儿传来的民歌小调调
高扬低落的唱词，在山谷回荡

"桃花花儿你就红来，杏花花儿你就白
爬山越岭眊你来呀，啊格呀呀呆……"

一朵云的遐想

不能错过晨曦
那些漂亮的衣服
一定要悬挂在
海蓝色醒目的衣橱里

在朗空下
我只想做回一团绵云
柔柔软软躺在半空
借着凉风带我一起去远行

在雨后放晴的瞬间
我只想做回，那座弯弯的彩桥
散出七色柔光
去亮眼天空

岁月，足迹

春雨

无数次冥想
你会以怎样方式而来
等布谷鸟的叫声响起
期许初芽破土挣出
待微风拂动

春雨有着贵如油的美誉
那一定先做好一些铺垫
如头顶逐渐叠加的黑棉云层

只欠一声惊雷号令
让闪电豁开那道血口

让这宿命的雨
一泻而下
不必逃离，张开手臂
迎接这场……

辽阔

你有着来自于天空的蔚蓝
和赋给草原任驰骋的疆场
及大海凝思过滤后的深沉画图

即使已站在了最美风景之中
依能清晰深知　如不去御风
将会一夜落尽长安花
看残卷，凋败

策马扬鞭　啸风奔腾
喧嚣后的孤独，才是内心更坚强的样子
因你有着逢山开路的勇
和遇水架桥的品格
来成就着身边的每个人

澄澈蔚蓝是你心灵的底色
一浪接一浪的拍打声

大海一样的胸怀
能让你载赴一程
即使短暂也很值得
感恩、感谢！恩泽你的辽阔

辽
阔

诗与远方

条件的贫穷或物质的匮乏
是否真与诗相关联呢？

有一部分是对的，作为一个心怀诗意的人
首先他们心灵是纯净的
对一切美好有着，高度的要求
而且本人是一个非常自律的，个体
对物质的欲念，微乎其微
反而是特别注重精神世界，维度的提升

相信一切的美好，相信美好的一切
皆会发生

便被美好，所吸引
去遇见光，去追随着光
后来自己也成为了那道光
去散发去照亮

岁月，足迹

便是诗，便是远方

小荷才露尖尖角

夏日来了
池塘的绿意有些炫富的格调
唯几柄，欲张未开的小荷
显得有点突兀和别致

几只迫不及待的红蜻蜓
扇起薄翅，嘴巴用力地吮吸着花苞
伴随着蛙鸣断续地响起
一塘的景，便涂出点睛之韵

恰在　恰到　恰好
这满眼的夏
你怎不会被韵染呢？

飘远的秋叶

秋风一次次强劲地
抽打着树的枝丫

最后压倒卡点的，不是
某时分而来的突袭
泛黄的叶子分明是
油菜花田里的群蝶，在旋空魅舞

略有心机地在地上
打几个旋
待你捡起，来祭奠那段

一同走过的时光

秋

夜微凉
风的脚步由弱渐强

枫树不胜酒力
又一副不自量力的样子
憋得全身通红

平日里低调的胡杨
铆足了劲
　把任性放在这个节点
奢侈地
将黄金镀在每片叶上

蚂蚱蹦得很欢
蝉扯着破锣嗓子
蛙的鸣叫似乎也缺了些什么

沉甸甸的稻谷

弯腰点头向风致意
瓜果散发着诱人的味道

大地展开画布
涂鸦　晕染

天空高了　云朵白了
这有话语权的风……

霜

从节气的骨缝里钻出
以一层纱的质地，露出真容
这是讯号的告急
霜降至，万物覆盖潜藏

冬季已始
白色的剧幕会被，一一拉开
是盛放，或许清欢，自在人心

秋雨

以一种温和的方式
缓缓落下　击敲出的沙沙脆响
滴滴渗入，清空尘埃

这样的景致，适合漫步
任雨丝侵来
期待　恭迎　即在眼前
孤独与孤独相逢
清冷与空旷对话，相拥

将三个季节的煎熬
以入骨入髓的隆重
作一次道别
任无言的泪滴一一滚落

岁月，足迹

秋叶

时间一溜烟地跑
像一个顽皮的小孩
不争气的日子犯了老寒腿症
总是差那么几步！

秋叶，摇摇晃晃地泛红了脸颊
欲醉，点景
想留住些什么？
西山的风，一直在不停地刮
刮得让人心慌

冷月

一枚青色的月
从地平线缓缓升起
散出白色的光芒
此时想在深蓝色的海里
打捞出全部心事

信手拈来几朵白玫瑰
祭奠心底虚空的执
却被现实压扁的放手

冷冷的一条长石板凳
深喻了没说出的结局
突兀的那道鸿沟
把念渐渐埋葬

岁月·足迹

你要写雪，就不能只写雪

要写清冷，及一些需去掩埋的往事
还有压不弯的青松
打着花骨朵儿的红梅

用红泥小火炉煮雪，来泡茶那份雅致
打雪仗嬉闹着的小孩儿
邀请雪人回家做客，种种奇思妙想
踩在雪地上，咯吱咯吱作响
拍景的人群忙得不亦乐乎

空中抛落下
几粒丢弃的鸟鸣声
看那儿有几只，无从下口觅食的山雀儿

在这一望无垠的白中
是雪外弹奏出的，弦外之音吧
来与去都是白
是留白，是空白

长城

六国的纷争
匈奴的嘶鸣
由远而近
传来了历史的声音

金戈铁马
烽火狼烟
尽一腔忠诚
耗一生华年
固一笔江山
隔一道屏障

用血泪研成墨
是秦始皇
抒写下这不朽的墨笔
借三十万劳役的手
起群山　凿绝壁
过草原　穿沙漠

岁月，足迹

插曲里
孟氏姜女
哭倒长城万里
没阻断
这龙形蛇影蜿蜒的杰作
功与过
是与非
妄断了谁？

木牍竹简
载一段枯萎的风华
夯土青砖
锁住了不老容颜
恢宏的长城
不老的长城！

游九寨沟与峨眉山

在梦里你揉碎万千花瓣
撒在曲转峰回的山路之上
等我一路朝圣，收藏捡拾

思念是我，挥之不去的劫数
跋山涉水，徒步合十只为目睹真容
你踏歌恭迎，每一缕阳光都是馈赠

我履阶而上，以万千蹒跚
举隆重礼拜，向你奔赴而来
山巅之上，一把把凛冽的风
拽住我的衣襟，于是一汪汪
湛蓝清澈的泪水
滴打在，远远的梦外
流成无数个，耀眼各异的海子

待你归还回，一个个魂绕牵引的割舍不下
朝我缓缓走来……

岁月·足迹

烟雨行舟

踏着春的律动
寻心底最挚的一份宁静
独撑一叶扁舟
烟雨而行

两岸绿树环绕
鸟鸣蛙叫奏出一曲冥想纯乐
在路过处选一株倾心的幽兰
植入备好的花盆中

宁静的水岸线未起一丝波澜
心已被渲染，放空
城市里的烟火喧嚣
在微雨蒙蒙里清洗得干干净净
此情此景妙不可言
悠哉　悠悠哉！

回家的路

对故乡的牵与念
应该是那山那水那人
和那条盘在心头上
于梦里梦外，都想走回去的路

一条已磨得发白
弯弯曲曲拐成羊肠结的小道
虽难行却令人上瘾
沿着熟悉的这石　这草　这木
去细数印在记忆与梦境里的样子

蓝蓝的天空
白白的云朵
纯净的鸟鸣，合着缓缓的流水声
押着一缕缕，袅袅上升的炊烟
韵着一股股，麻油炝葱花飘来的饭味儿

岁月·足迹

220

见与不见

闭目念语
三千水军
急急如律令
速速来见我

让雪覆盖记忆里的城
许梅花点缀枝头
只为唤醒，来世今生
我，是谁的前世
谁，是我的今生

如抓不住，开不出的雪花
像气弱的游丝在漫天飞荡
只能在你星辰般的眸光里
解读前世埋伏给今生的注解
但每一世的轮回注定要艰辛跋涉

既然尘埃落定，是反转不了的乾坤
那就扑灭心中燃起的这份念
不再纠结见与不见

黄鹤楼

立于蛇山之巅
岁月的年轮，已生长出 1800 圈纹理
在漫漫长河里，建楼的初心
或被淡漠或被遗忘
是为御敌，是为瞭望守戍
该从哪谈起？
于三国时期，吴黄武二年

曾历经七次，战火洗劫焚烧
既然是逃不过的宿命
每一次都能欣然接受，重建后的样子
与原貌的变化和差异

一圈一圈的经年流水
让那些不灭的文字
永远镌刻在这里
李白，酒后的送别
"故人西辞黄鹤楼，烟花三月下扬州

孤帆远影碧空尽，唯见长江天际流"
崔颢，发出的长叹
"黄鹤一去不复返，白云千载空悠悠"
……

方山之行

从平城出发，一路向北
蛇形道途，一路苍凉寂静
收纳眼底的鸟雀只寥寥几笔

山面够宽够阔，风够硬
完全配得上于北魏 490 年
葬于此地的，文明太后冯氏

这座墓室历经 8 年筑成
随着岁月流逝，原有的同建
已被毁坏，仅剩万年堂
与这座永固陵在遥相呼应着

冯太后，集智慧与胆识于一身的
政治家
共辅佐了三代帝王
带领着游牧民族走向了农耕文化
并做出一系列改制

在民族大融合中起到积极作用

这方热土曾留下多处痕迹
定格的方山上和石窟造像中
辉煌过，幻灭过
沧桑过，繁荣过

静躺在这里一定是孤独的
但她一定无惧无畏
因制高点一直在高处
所以只有她能"胜寒"
在一把把凛风里
颂唱，来自北魏的冯太后

岁月，足迹

触摸北魏之大同

用双手去触摸北魏留下的纹理
以穿越时空的速度
俯瞰十七个世纪的轮回
在这片热土上
我们如同一粒烟尘静卧于平城

石窟依然不减风韵
我们一世一世的记忆
却在风化　遗忘
所拼接起来的也不过是
一场拓跋氏九十五年远去的
大梦

依着仅存的点滴记忆
在每一张轮廓里寻觅
高鼻梁和略歪的一颗门牙
无数次对镜自鉴
在轮回里未改的容颜

曾在这块版图上辉煌过

幻灭过　沧桑过

待兴中　崛起中　繁荣中

一个多元化的民族

必肩负起　融会　贯通　包容之大任

合和与美　称之为大同